Libro para colorear

Pingüino

Coloring Pages for Kids

Coloring Pages for Kids
An imprint of Ciparum LLC

Libro para colorear Pingüino
© 2017 Ciparum LLC
All rights reserved.
ISBN-10:1-63589-517-0
ISBN-13:978-1-63589-517-9

Coloring Pages for Kids

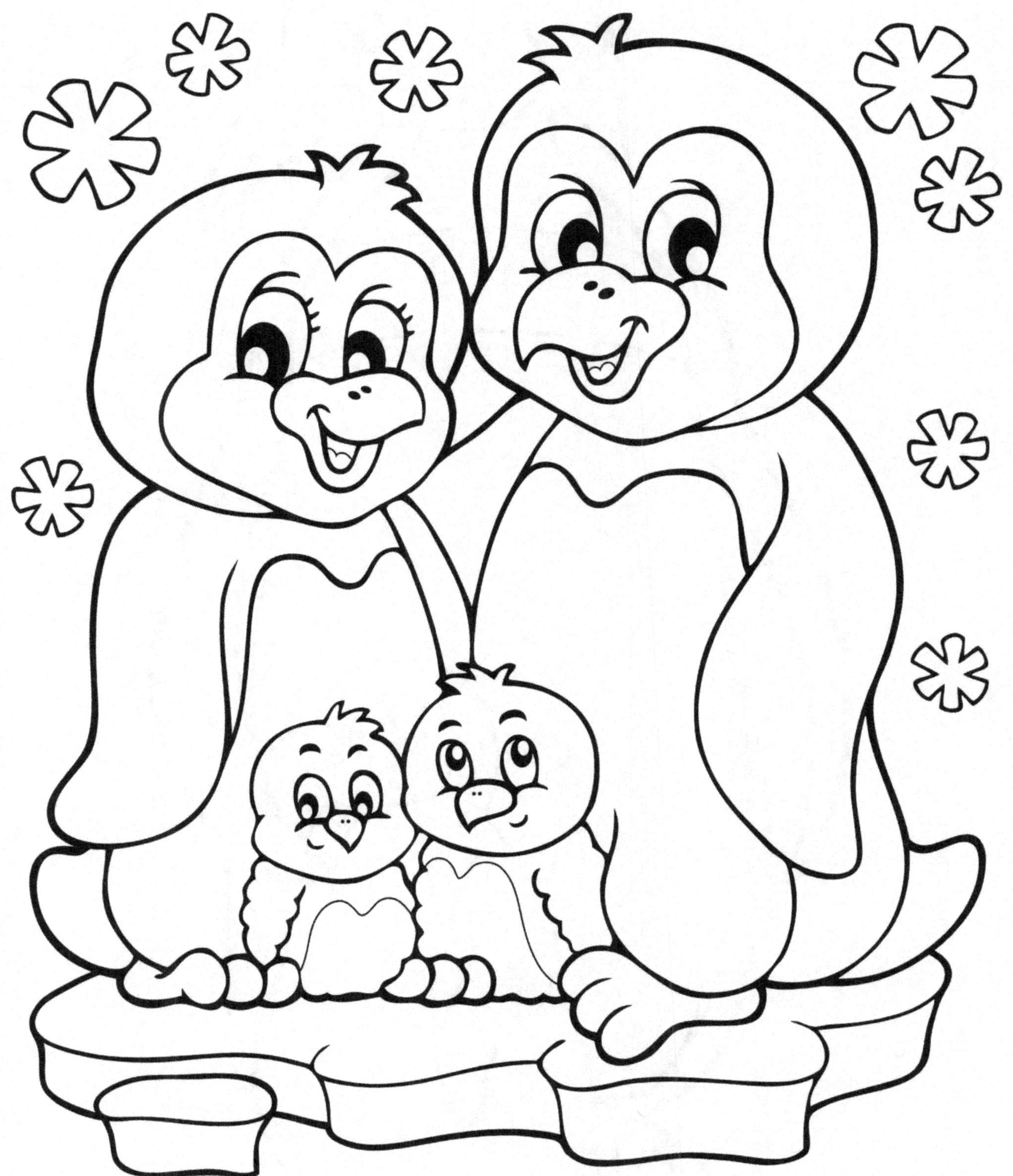

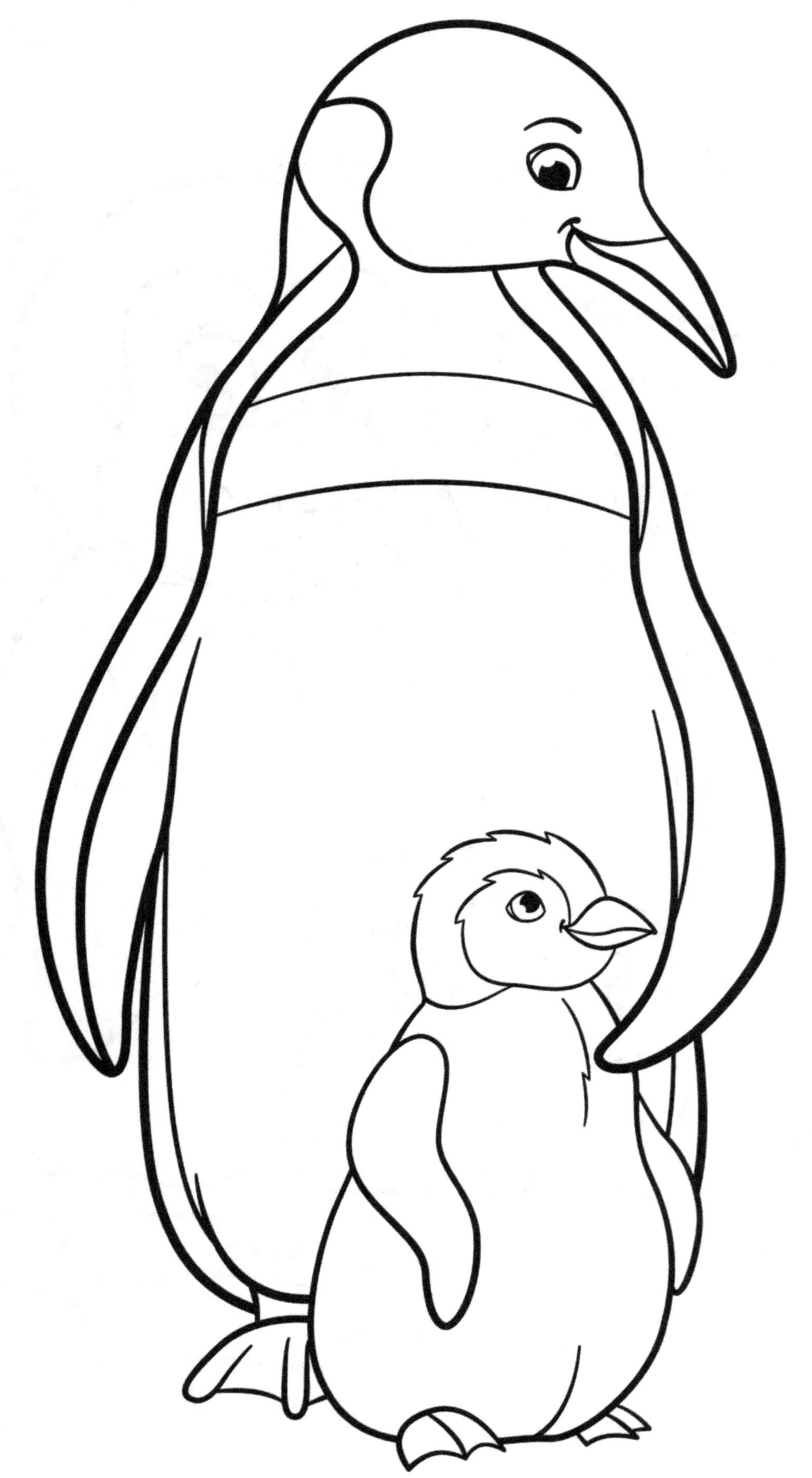

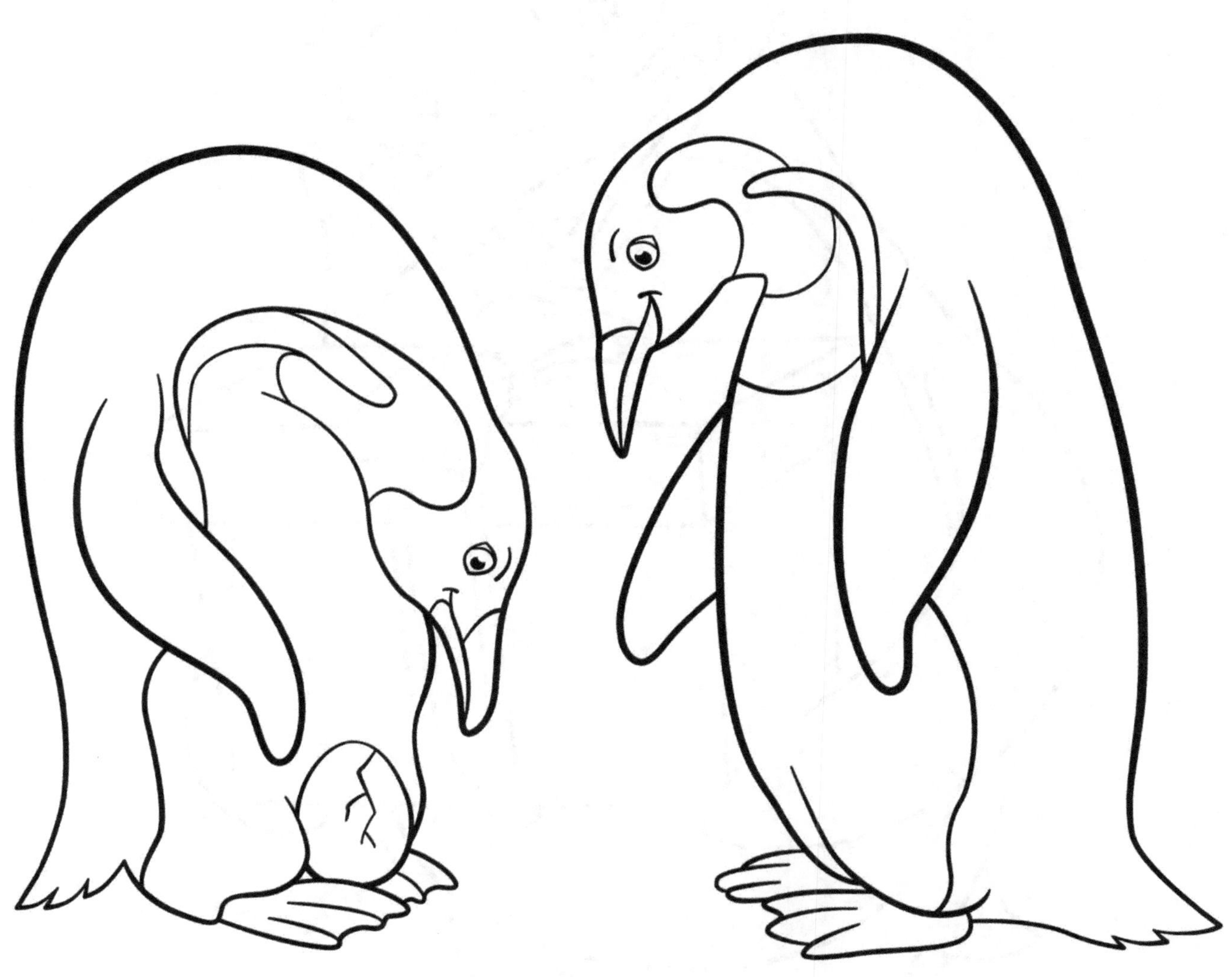

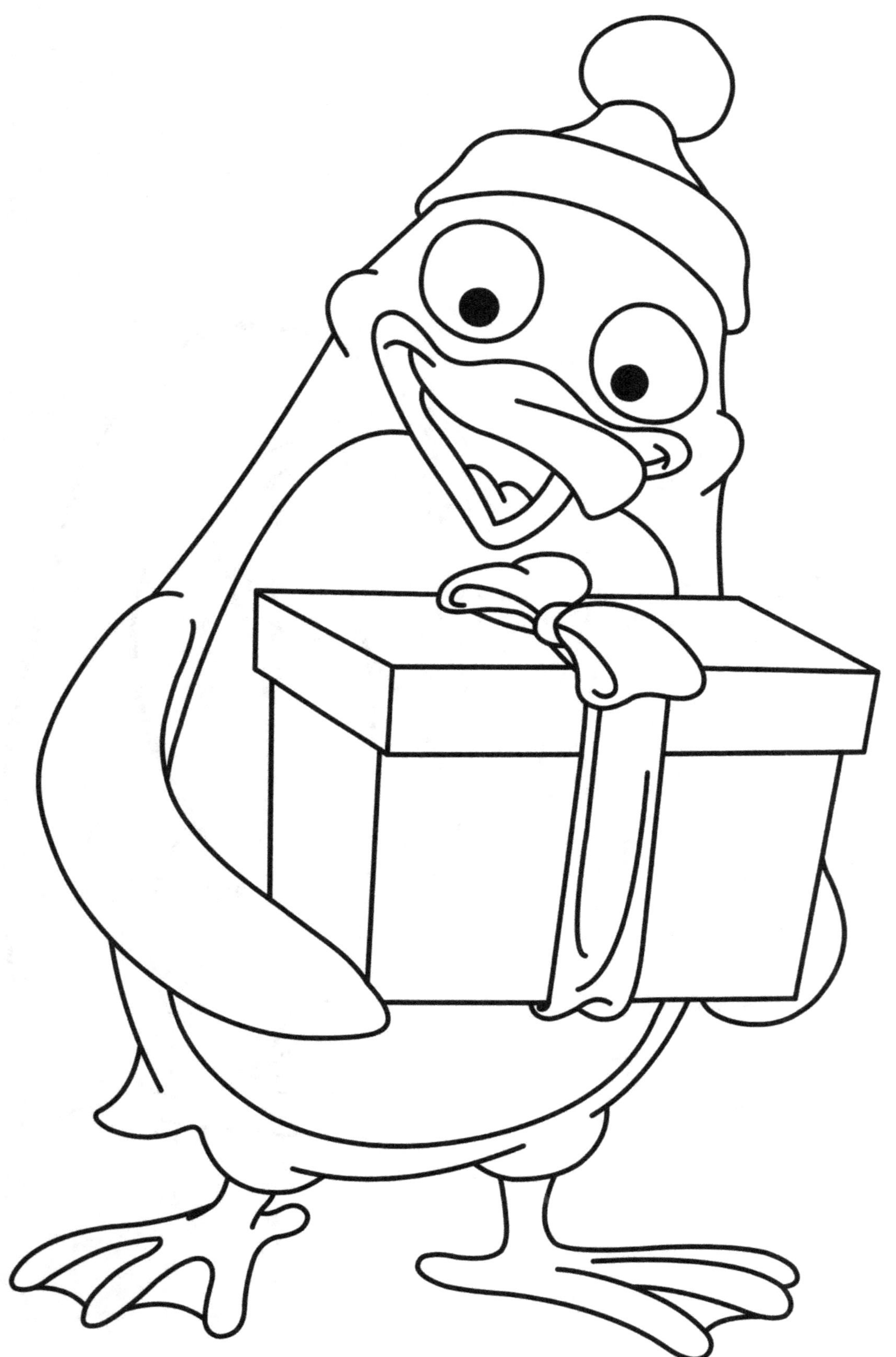

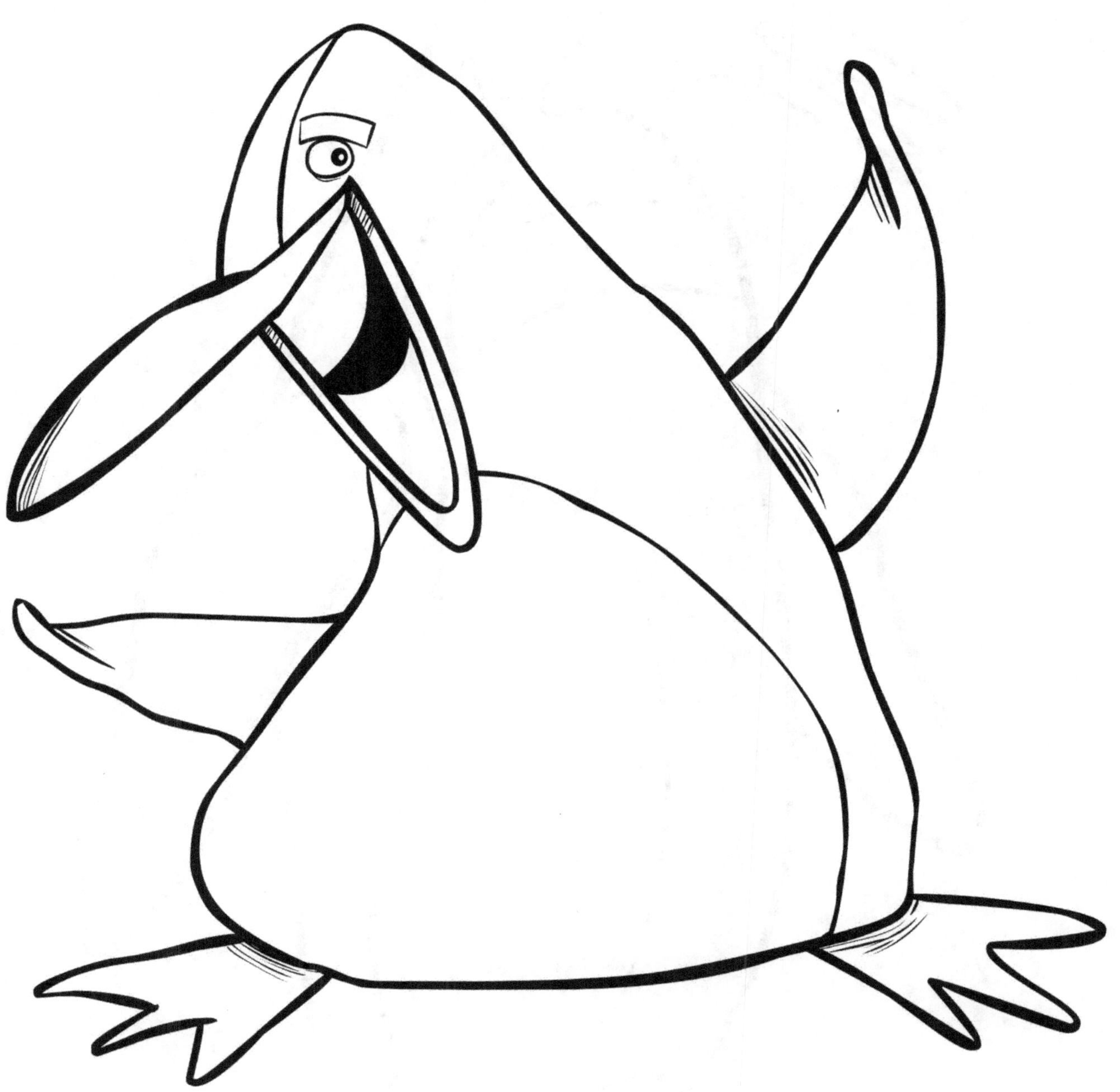

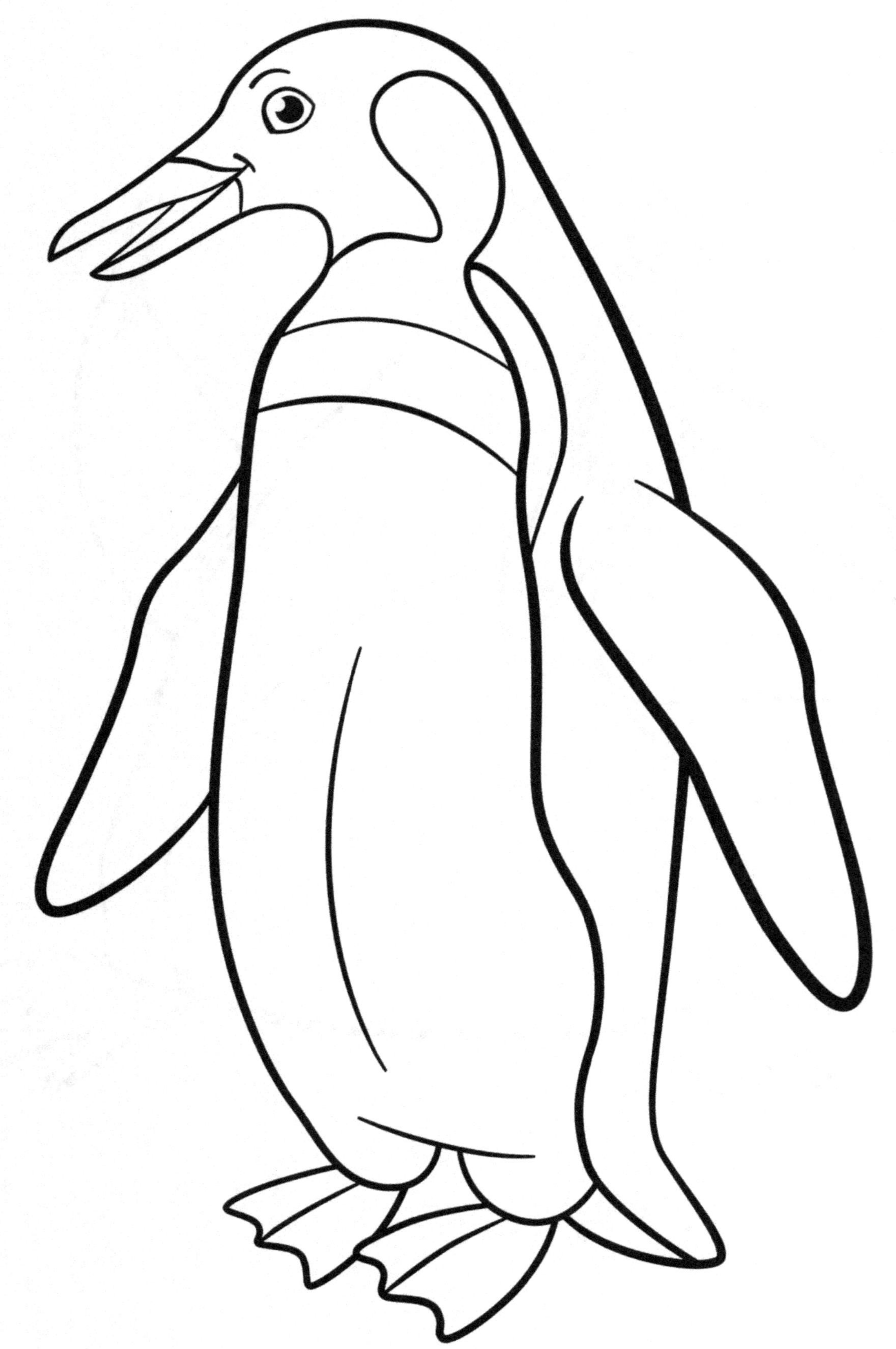

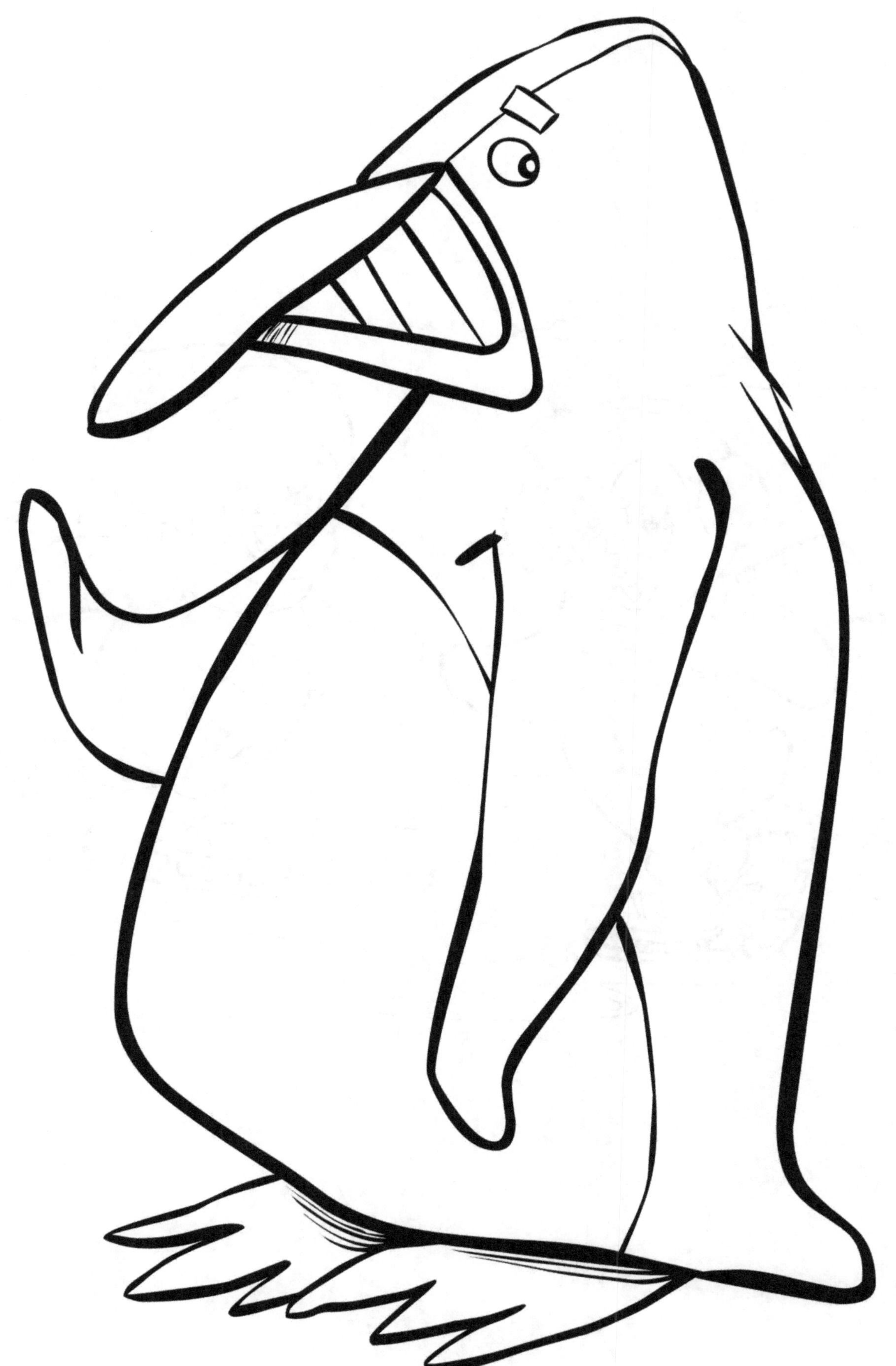

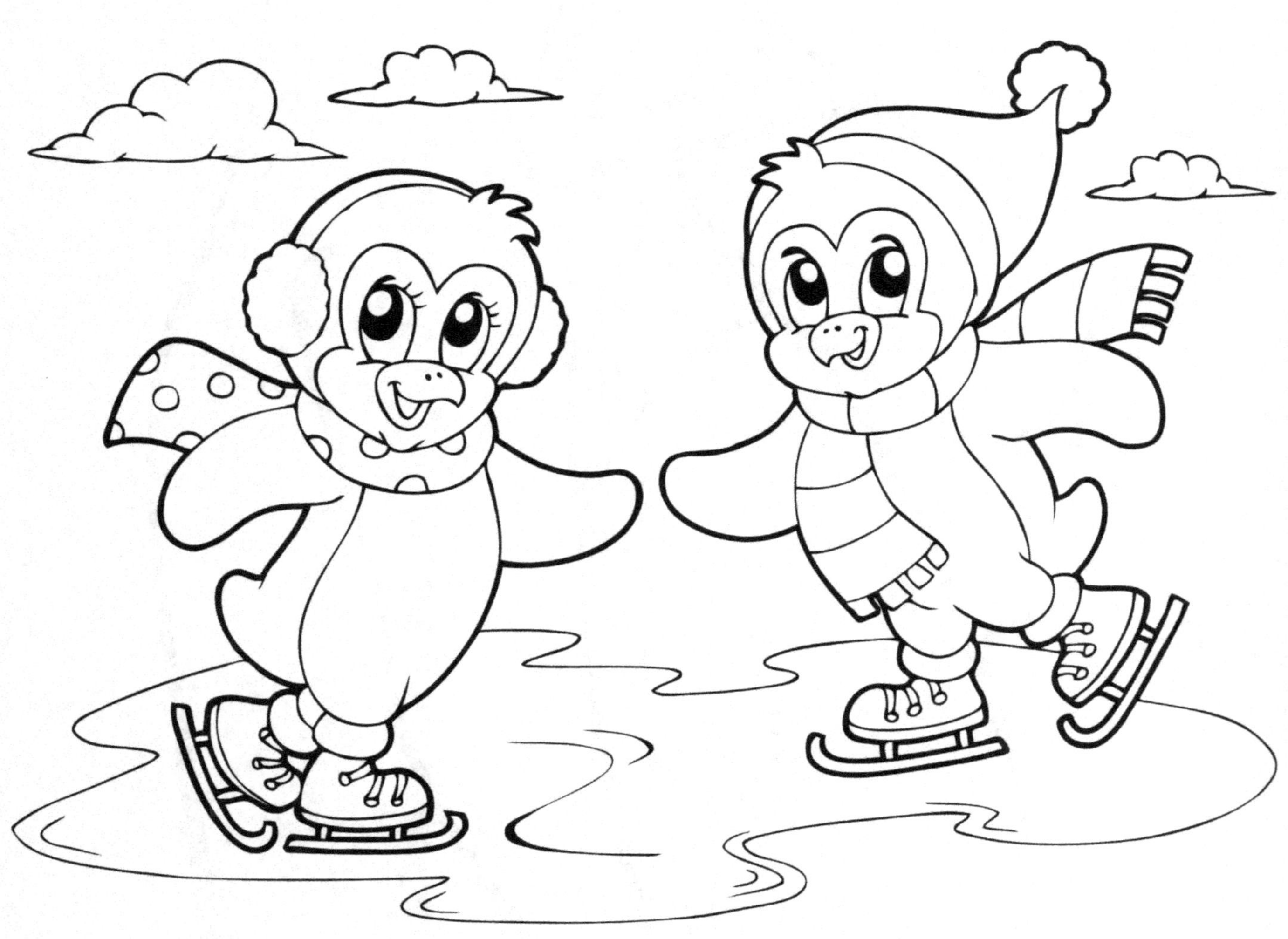

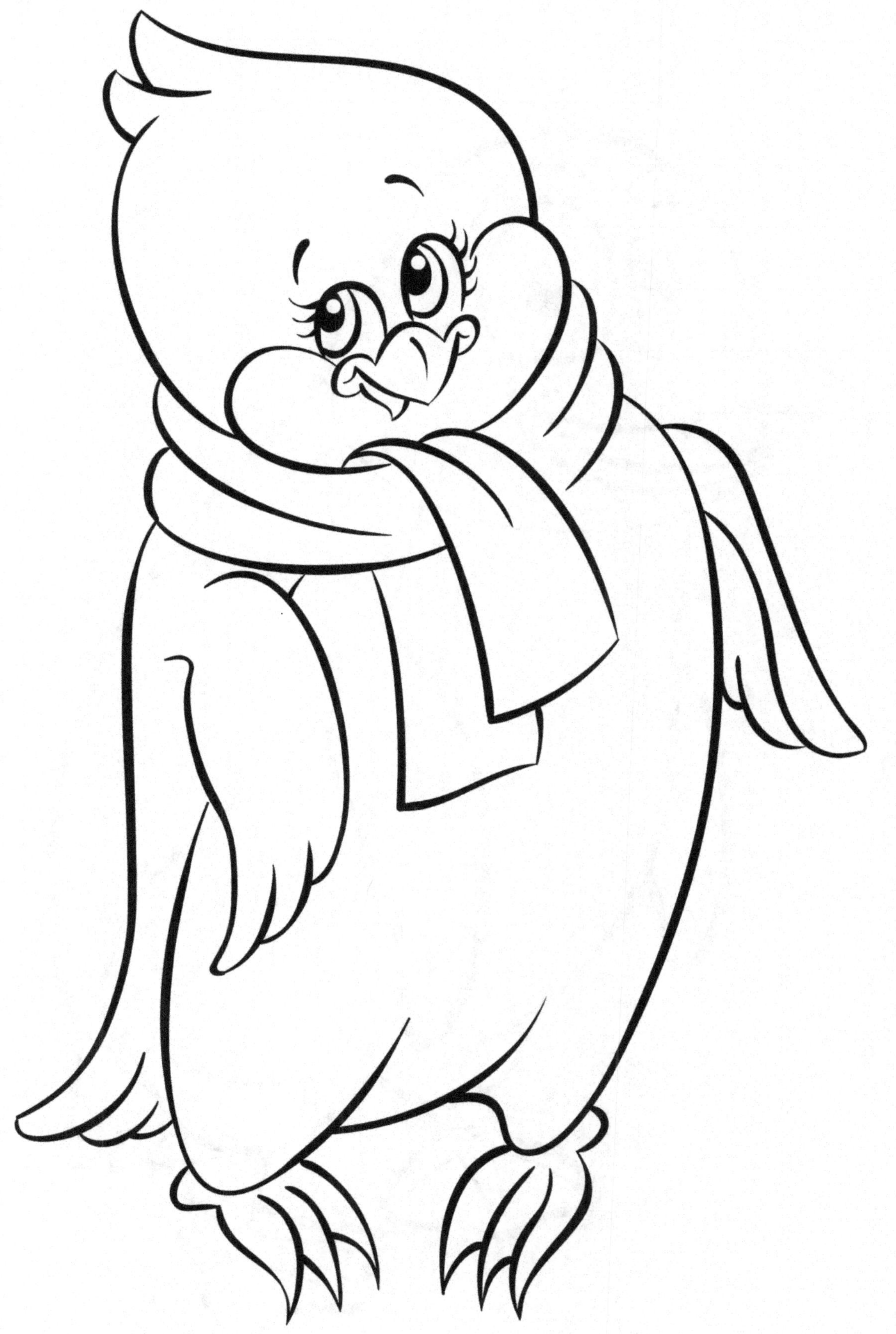

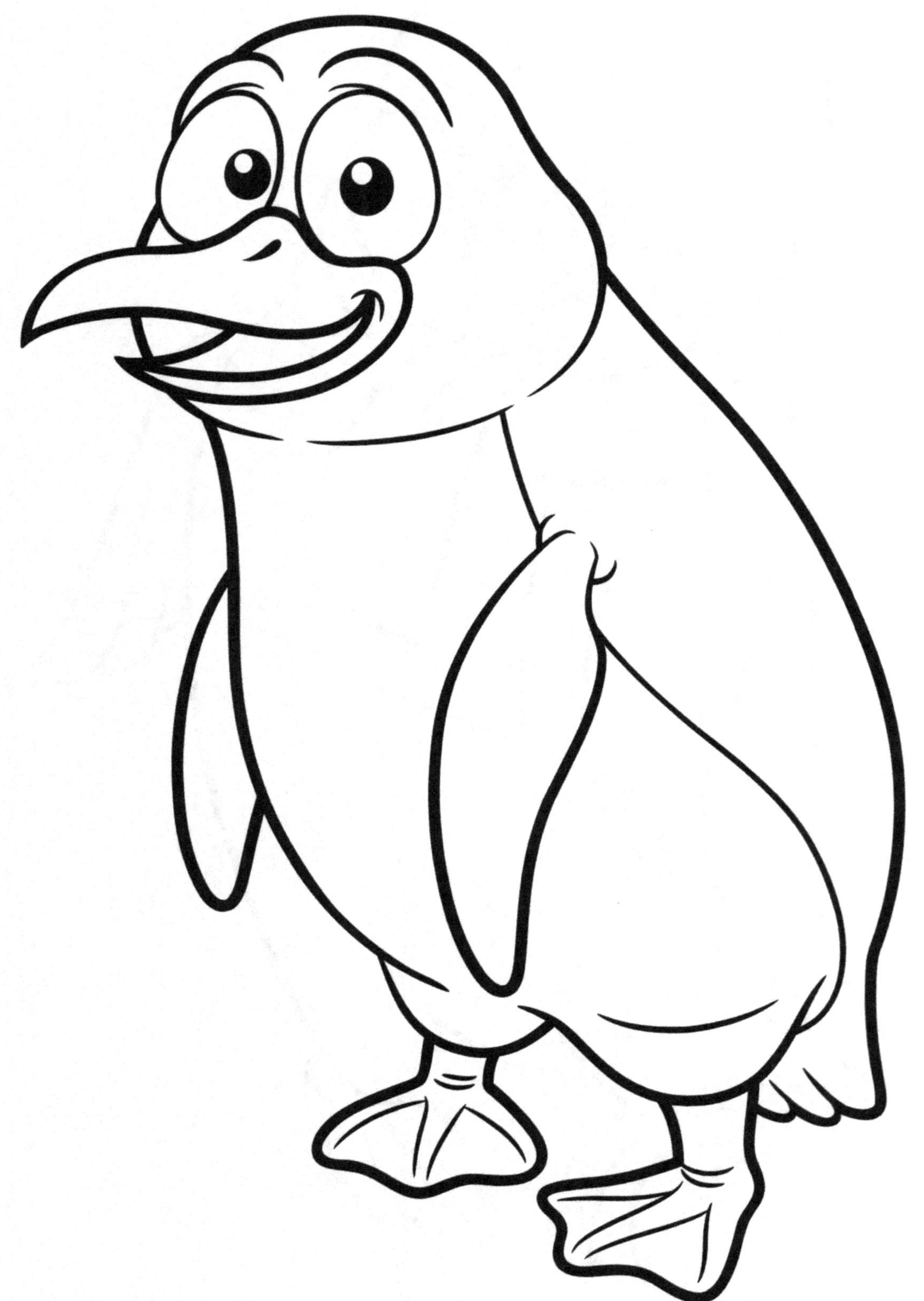

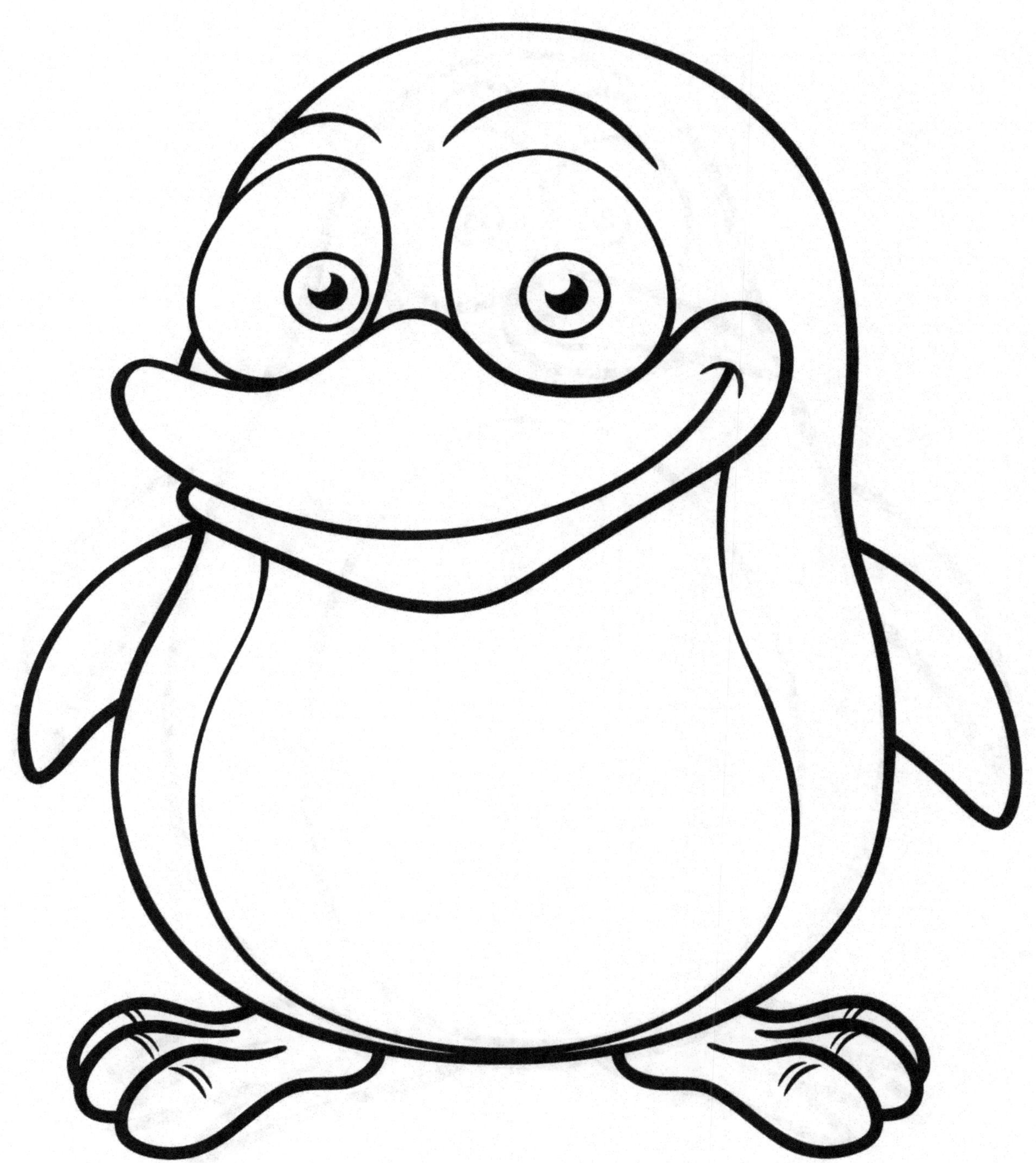

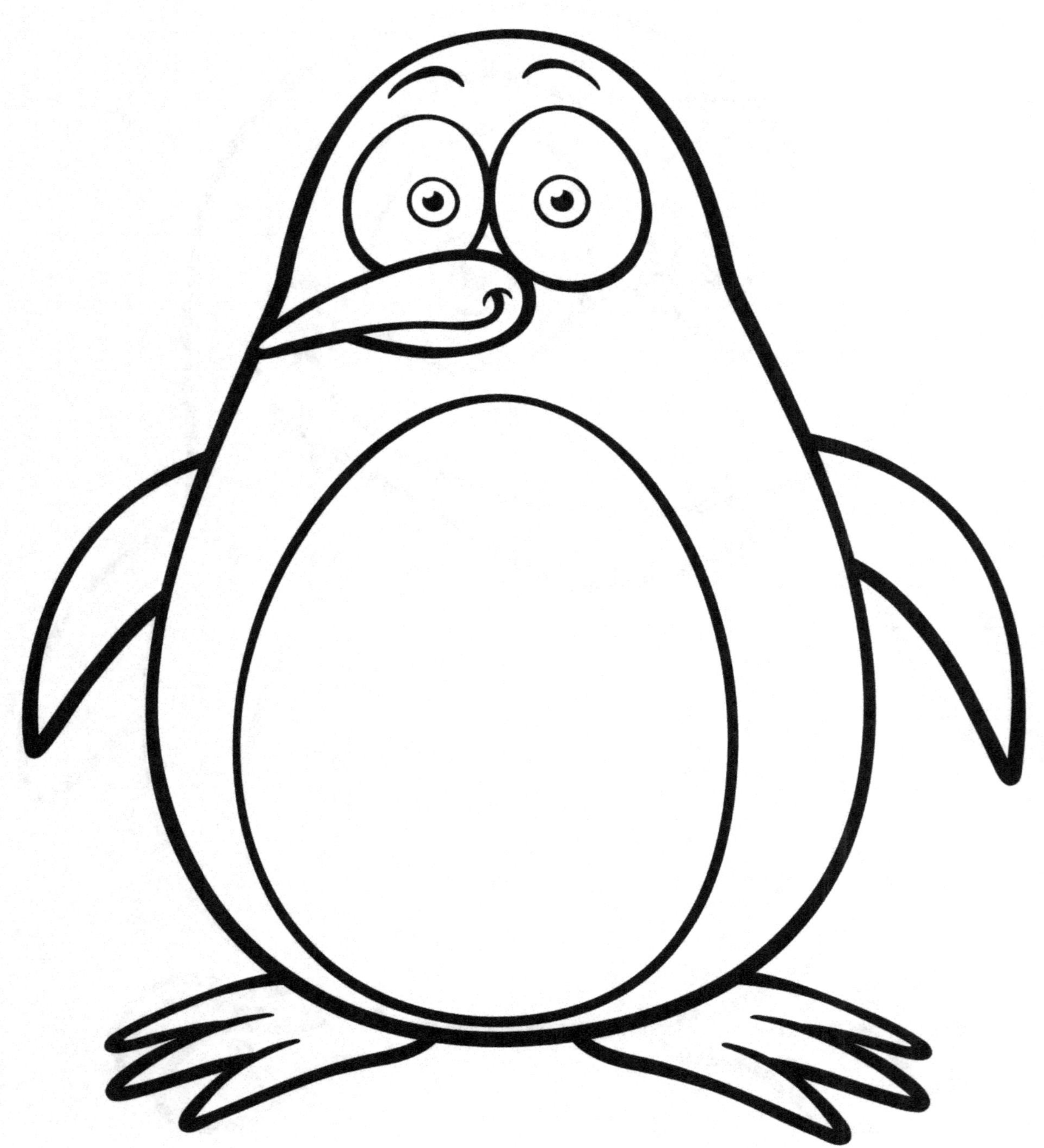

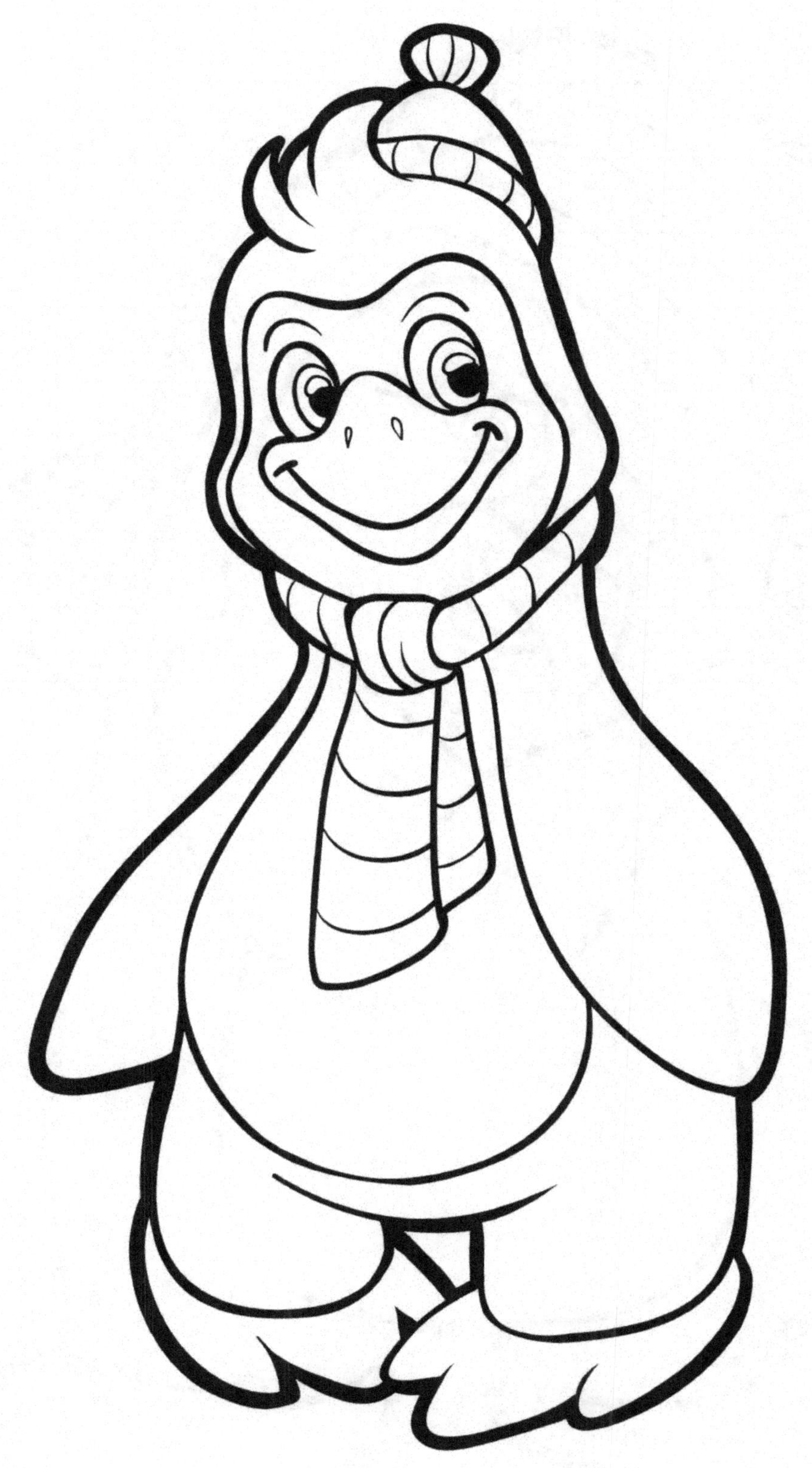

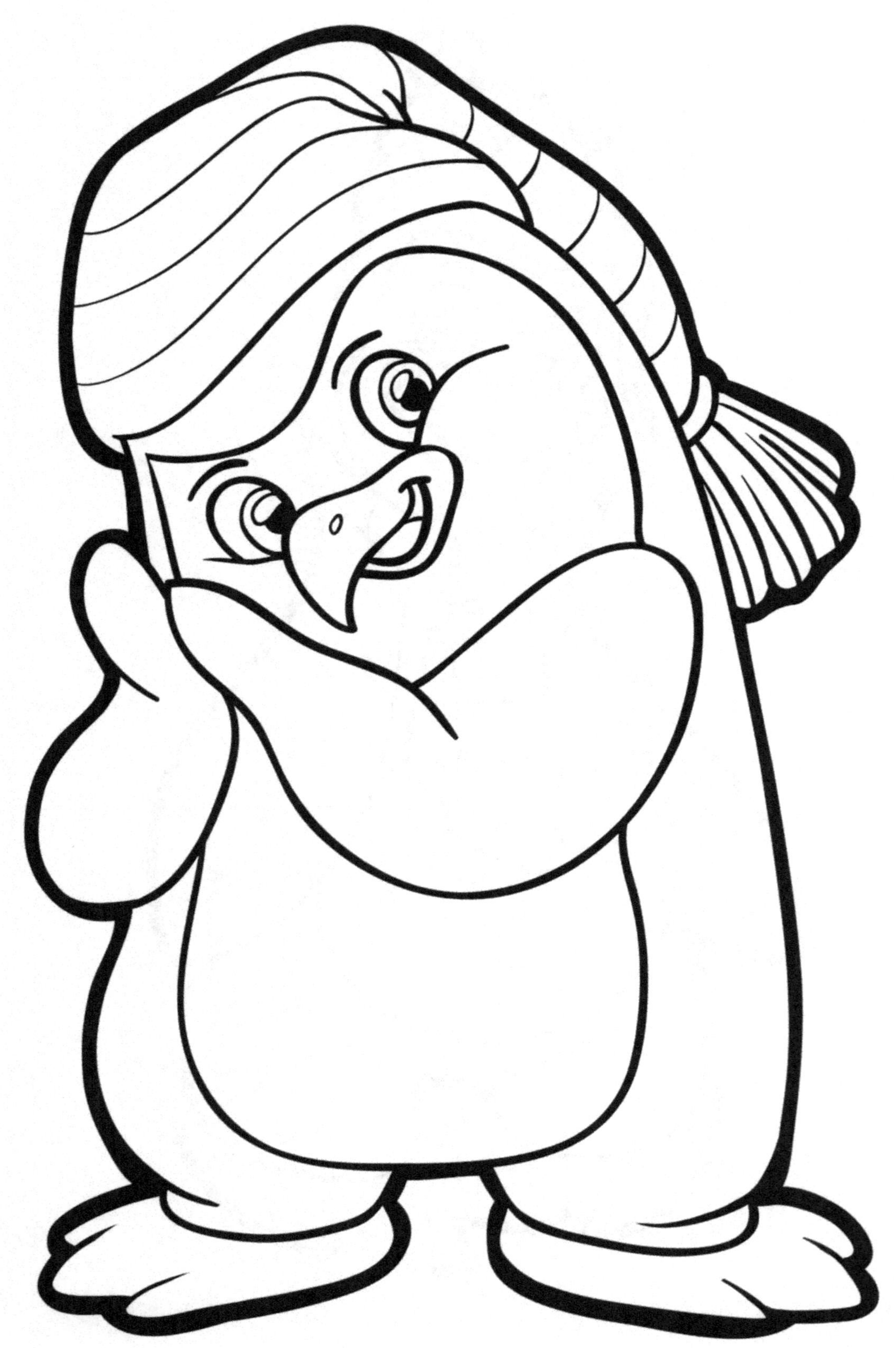

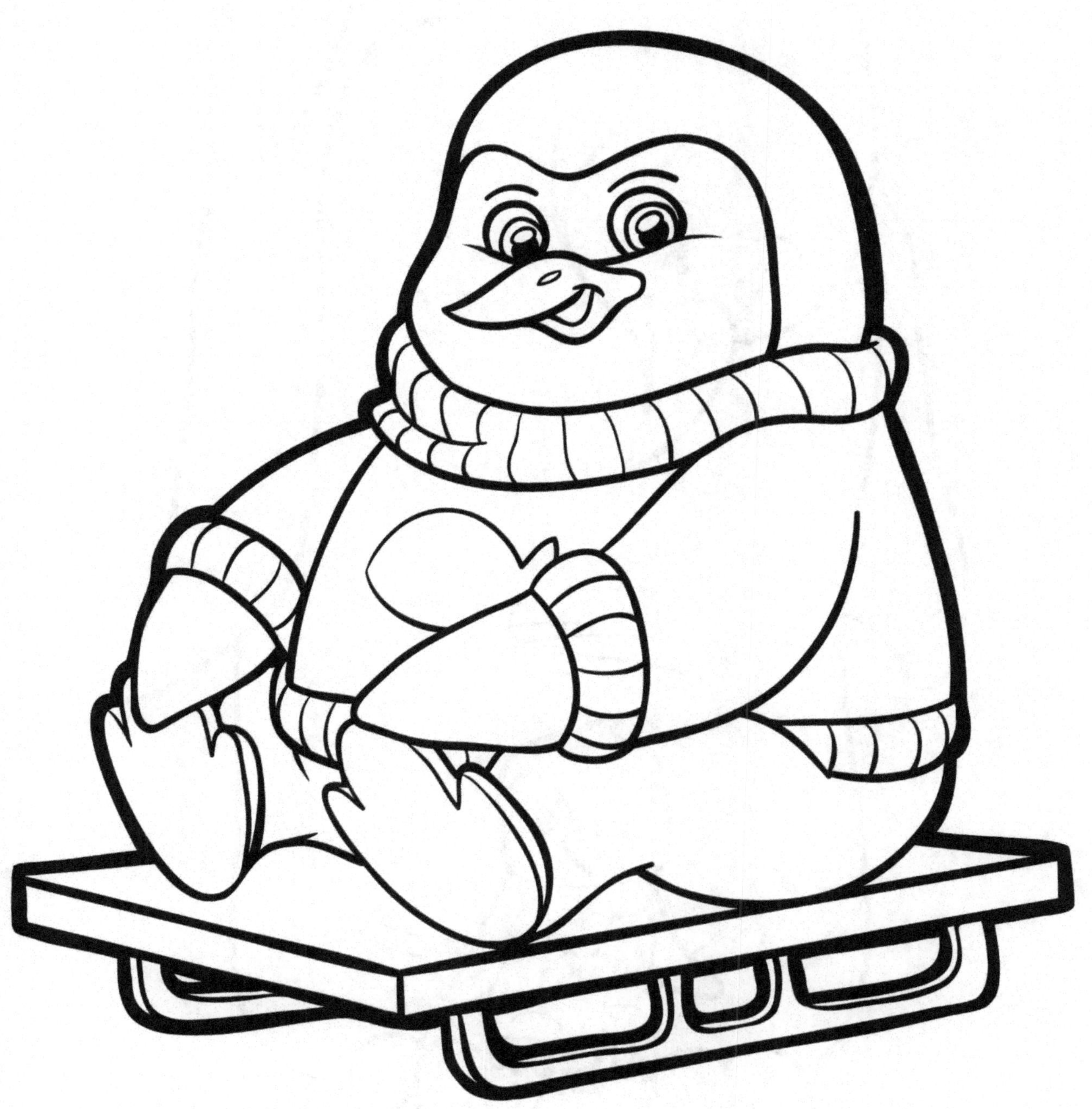

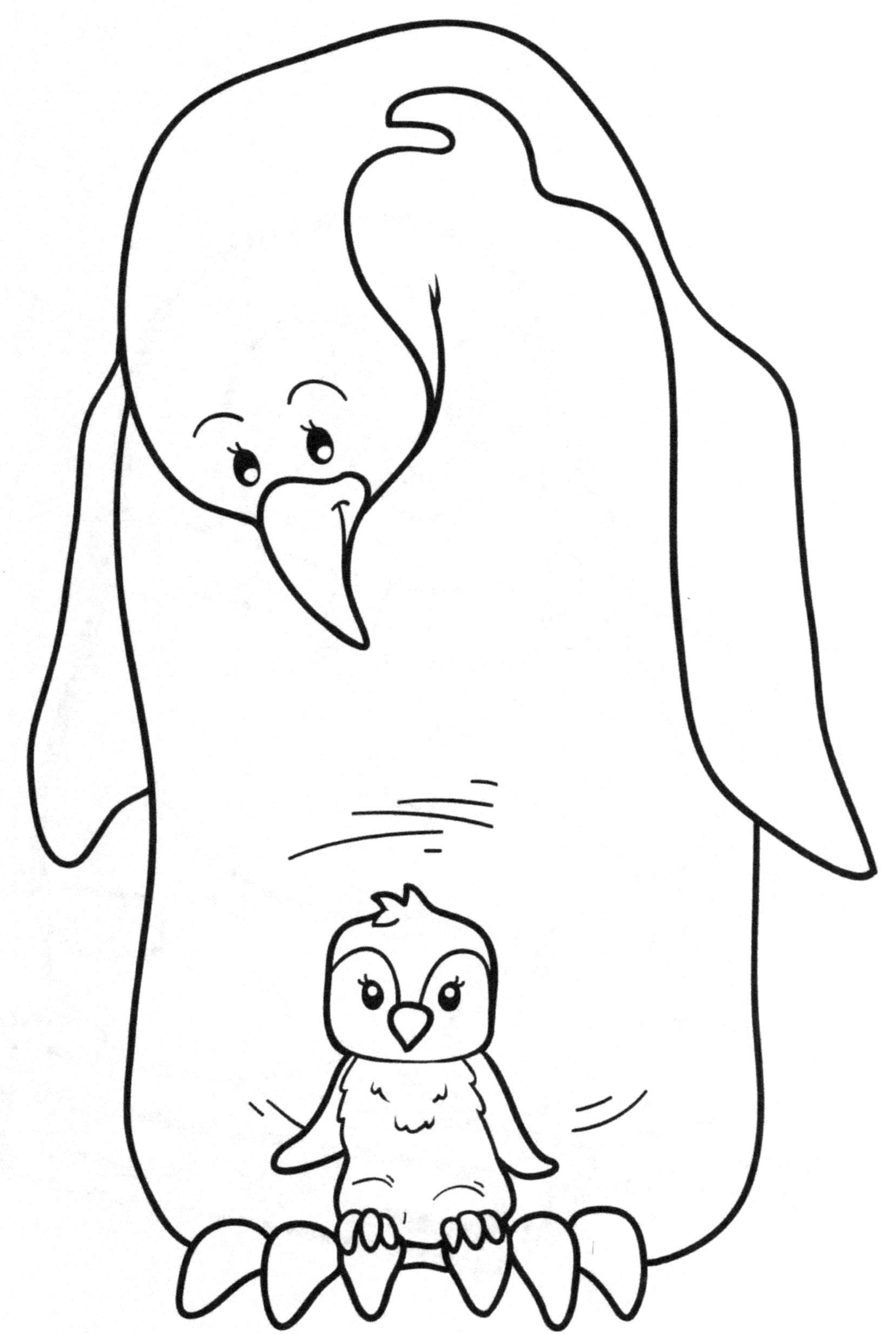

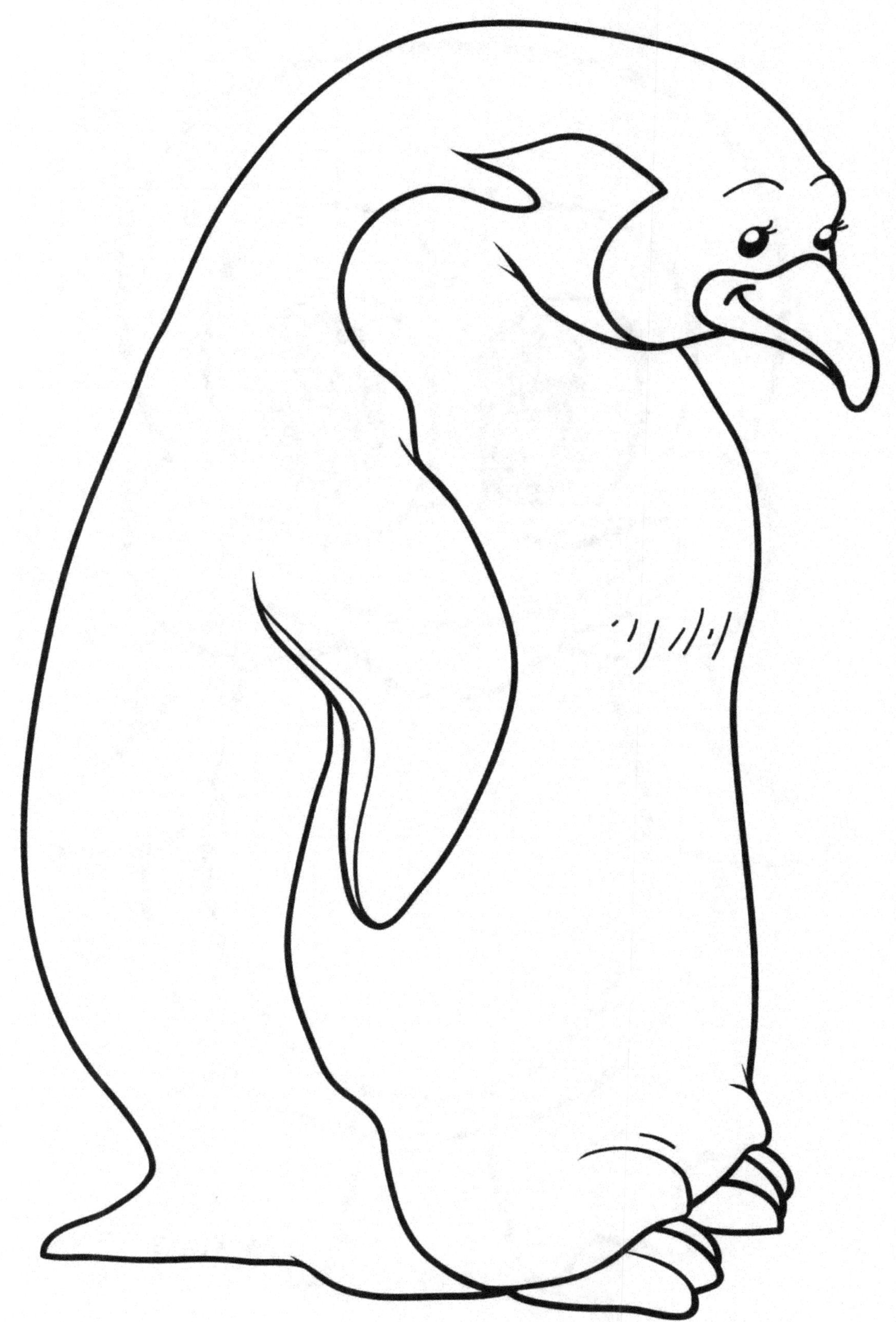

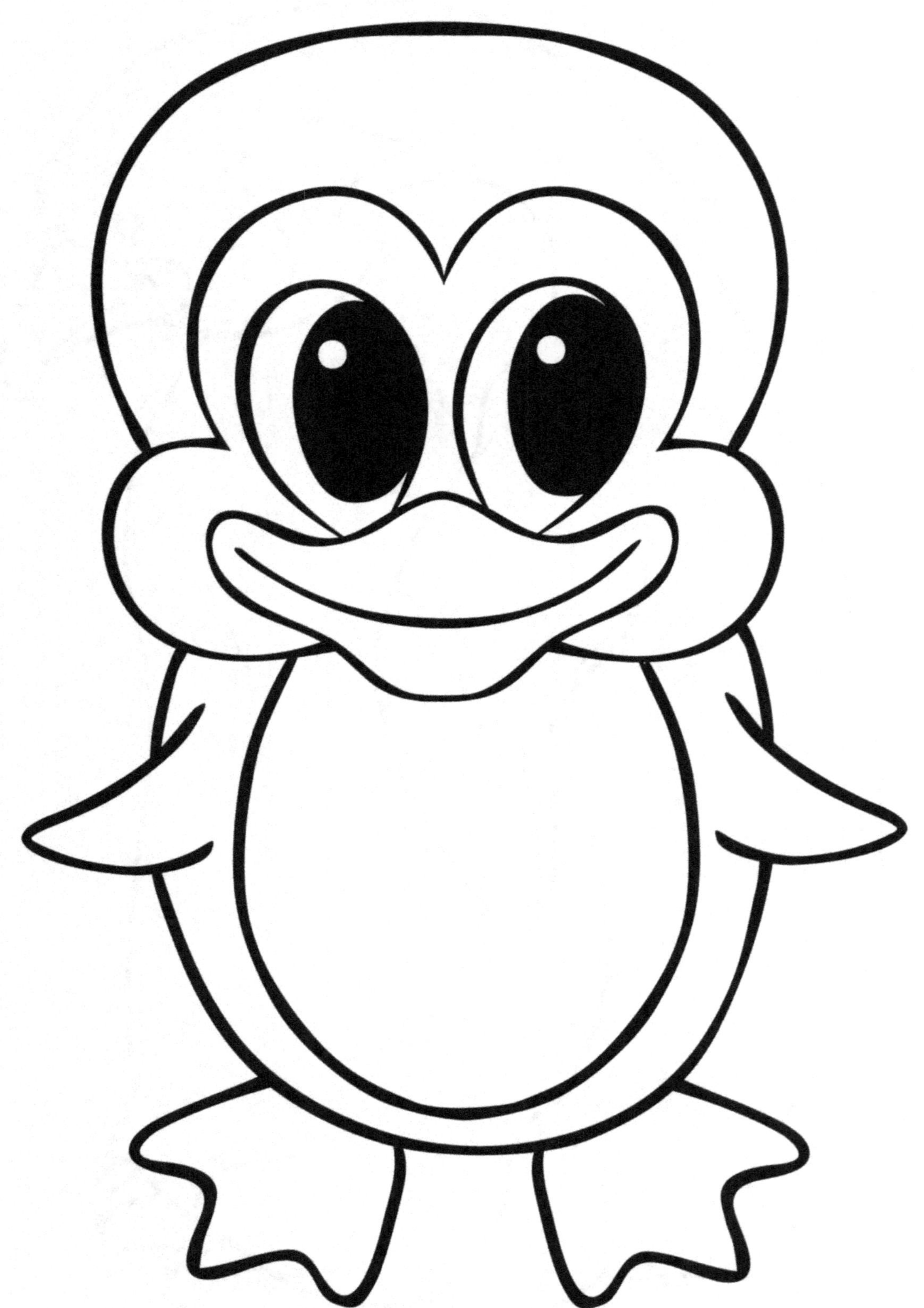

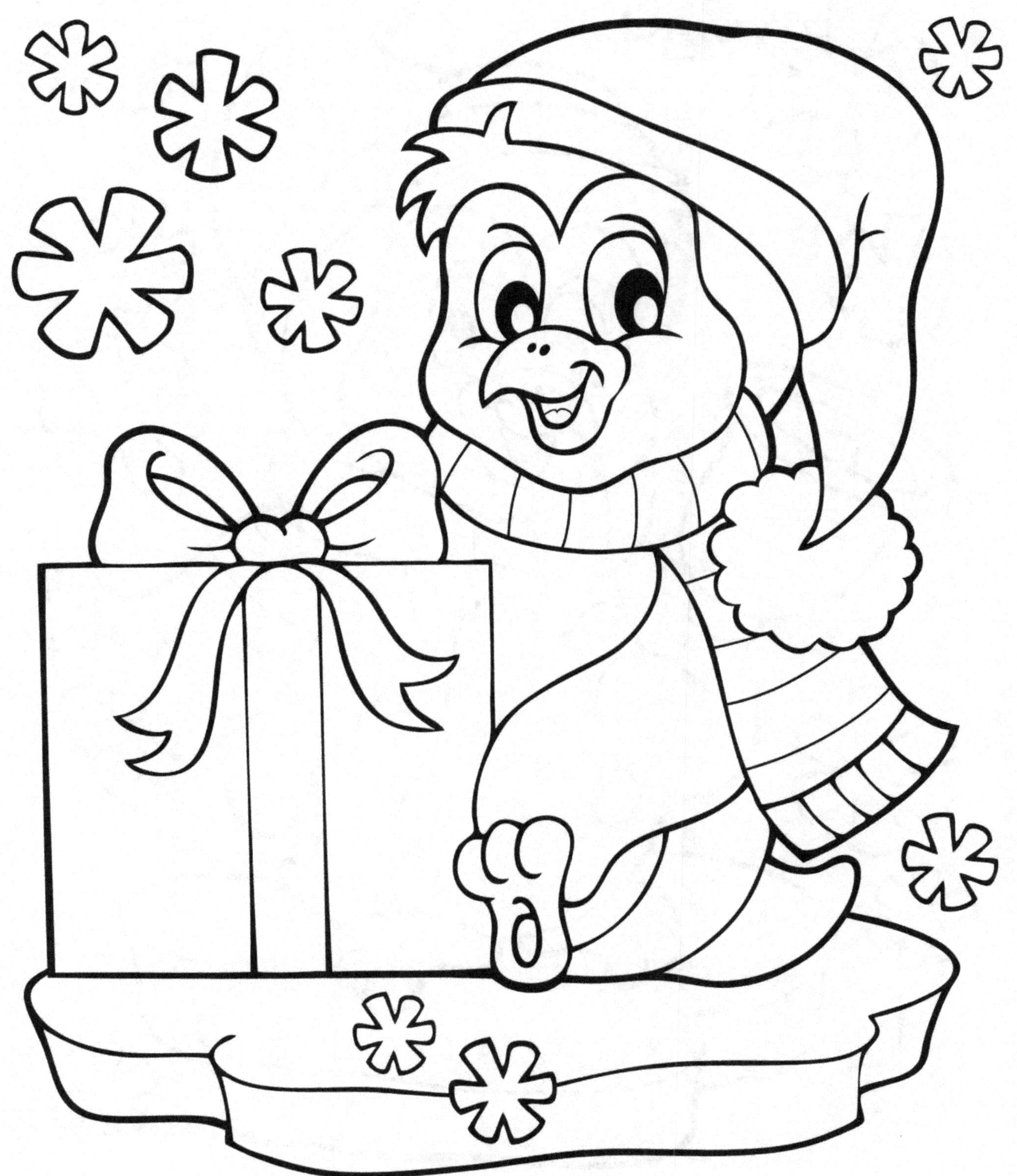

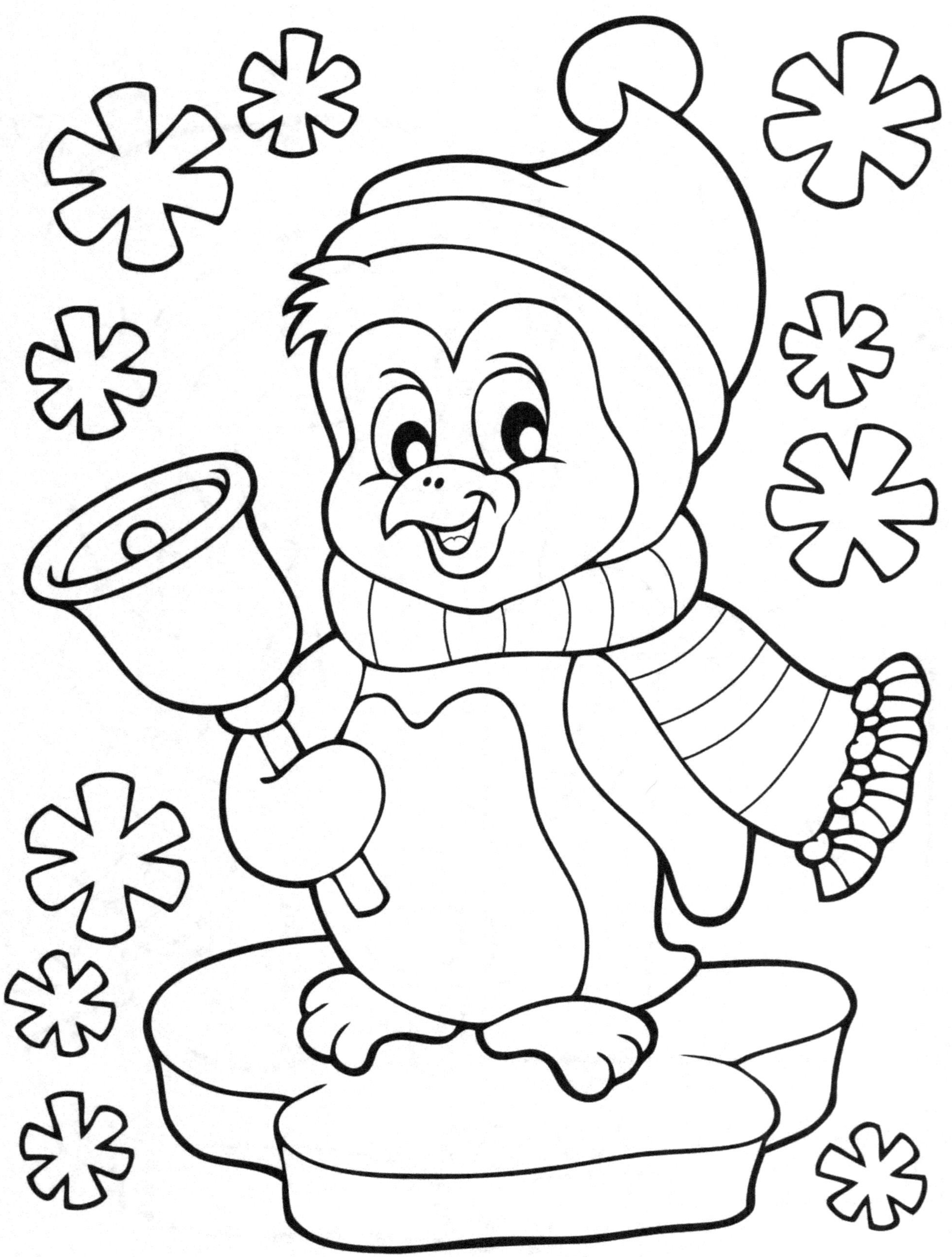

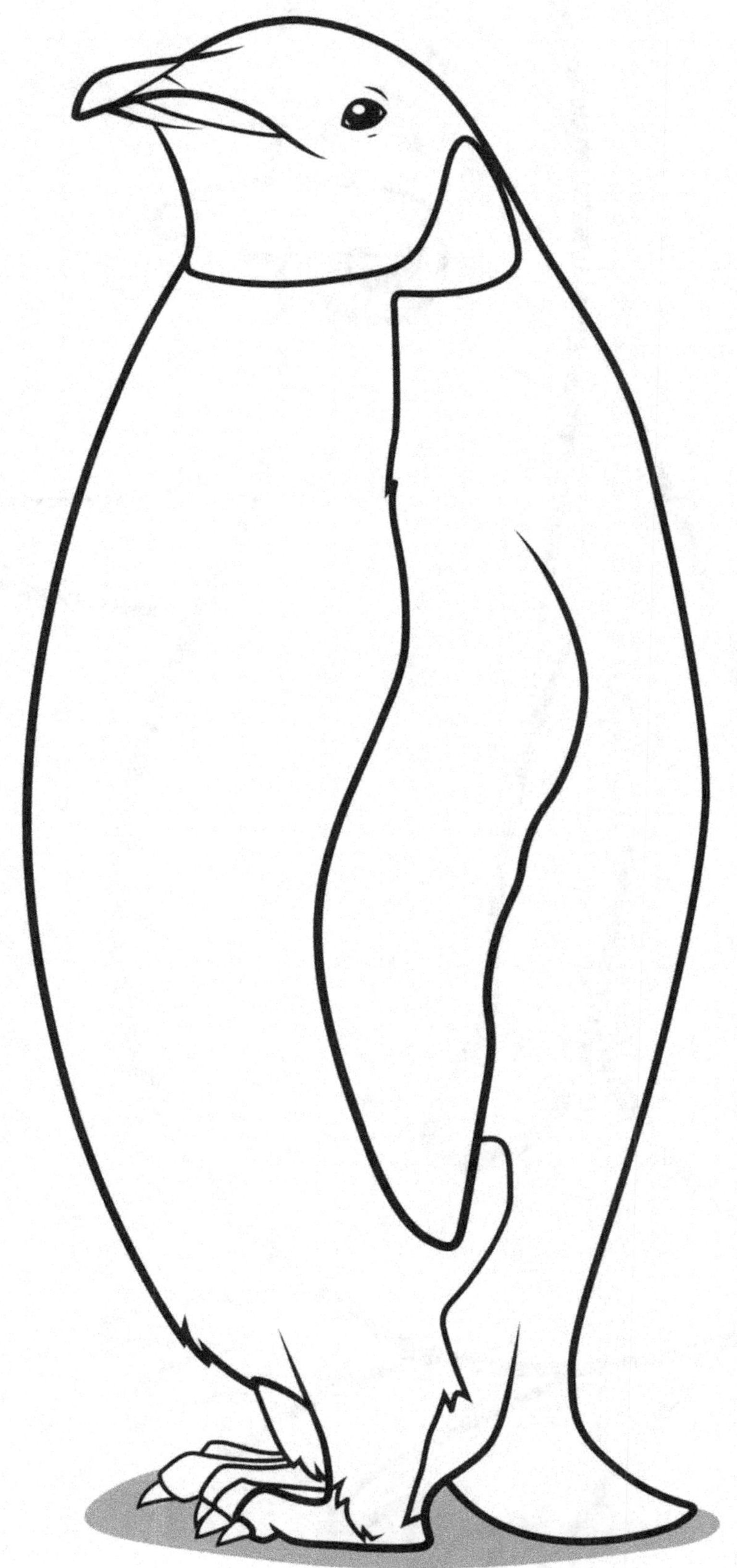

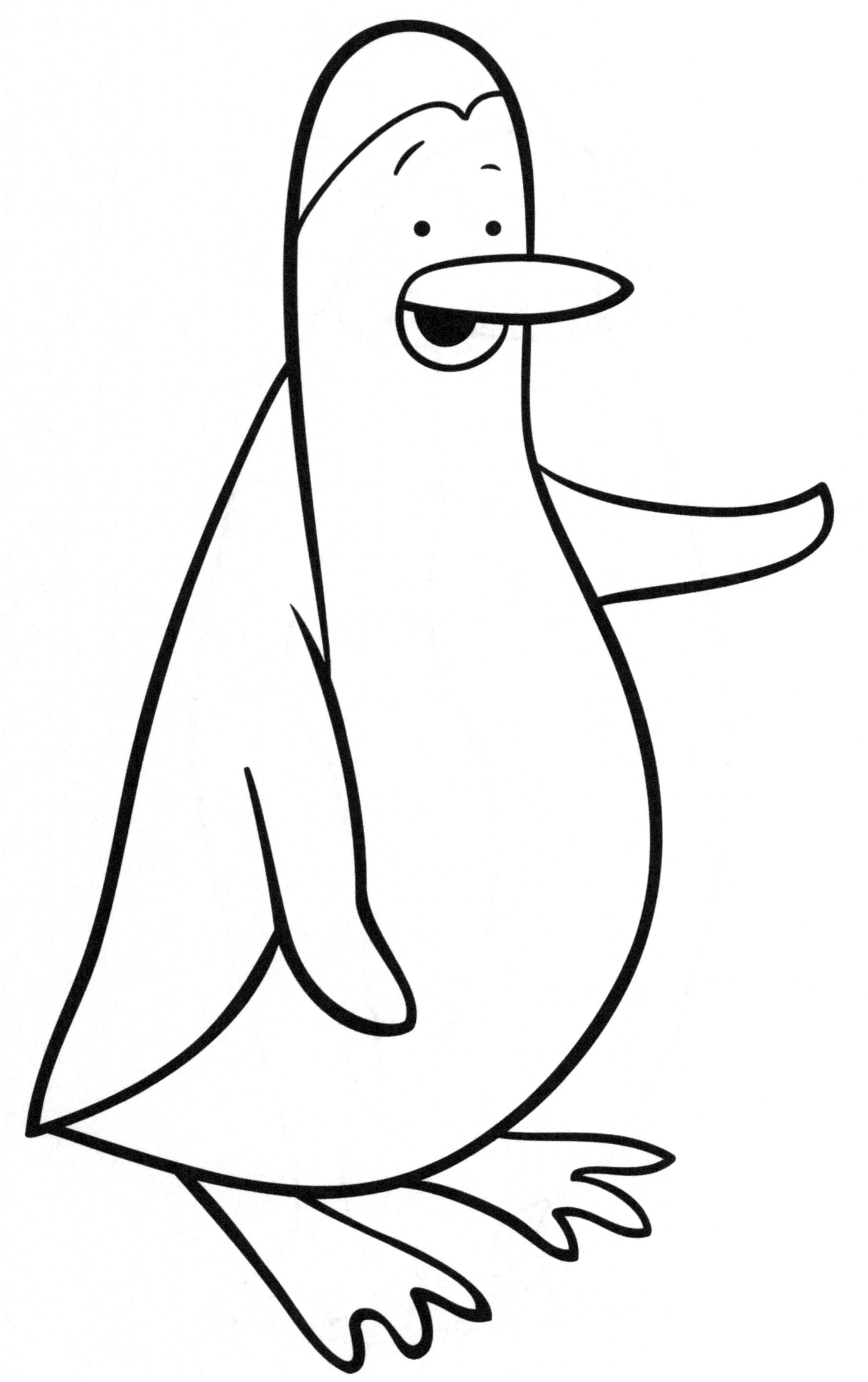

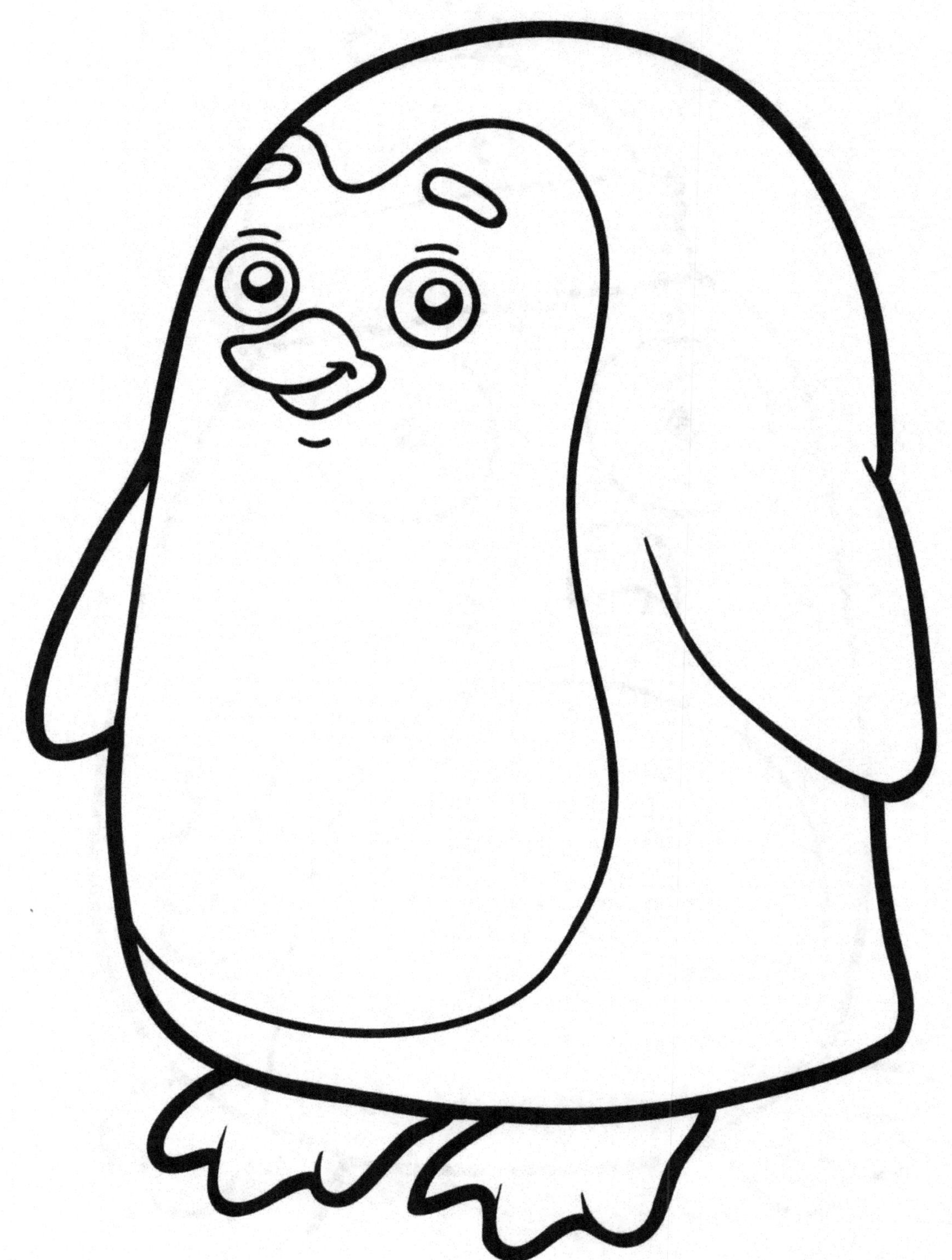

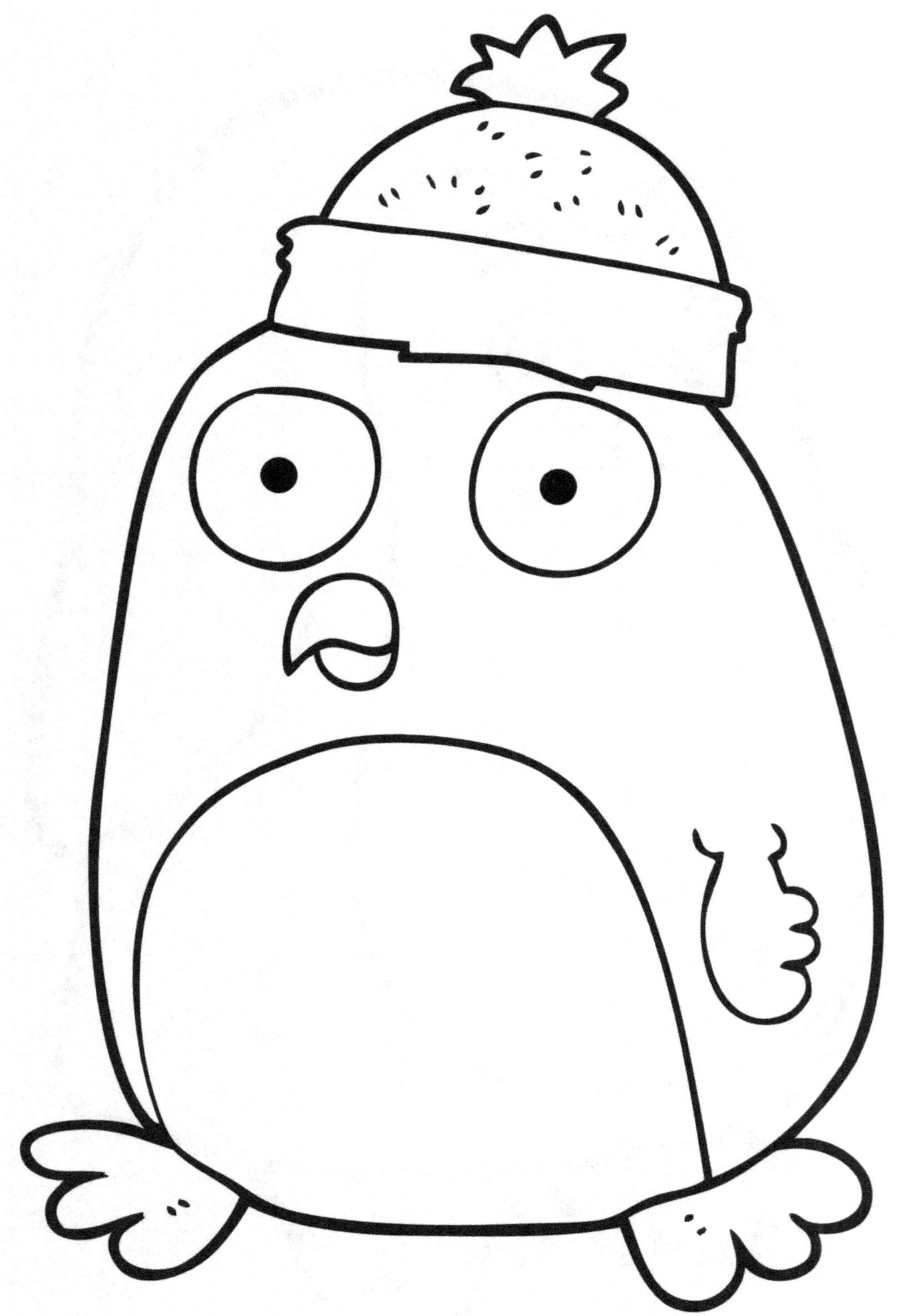

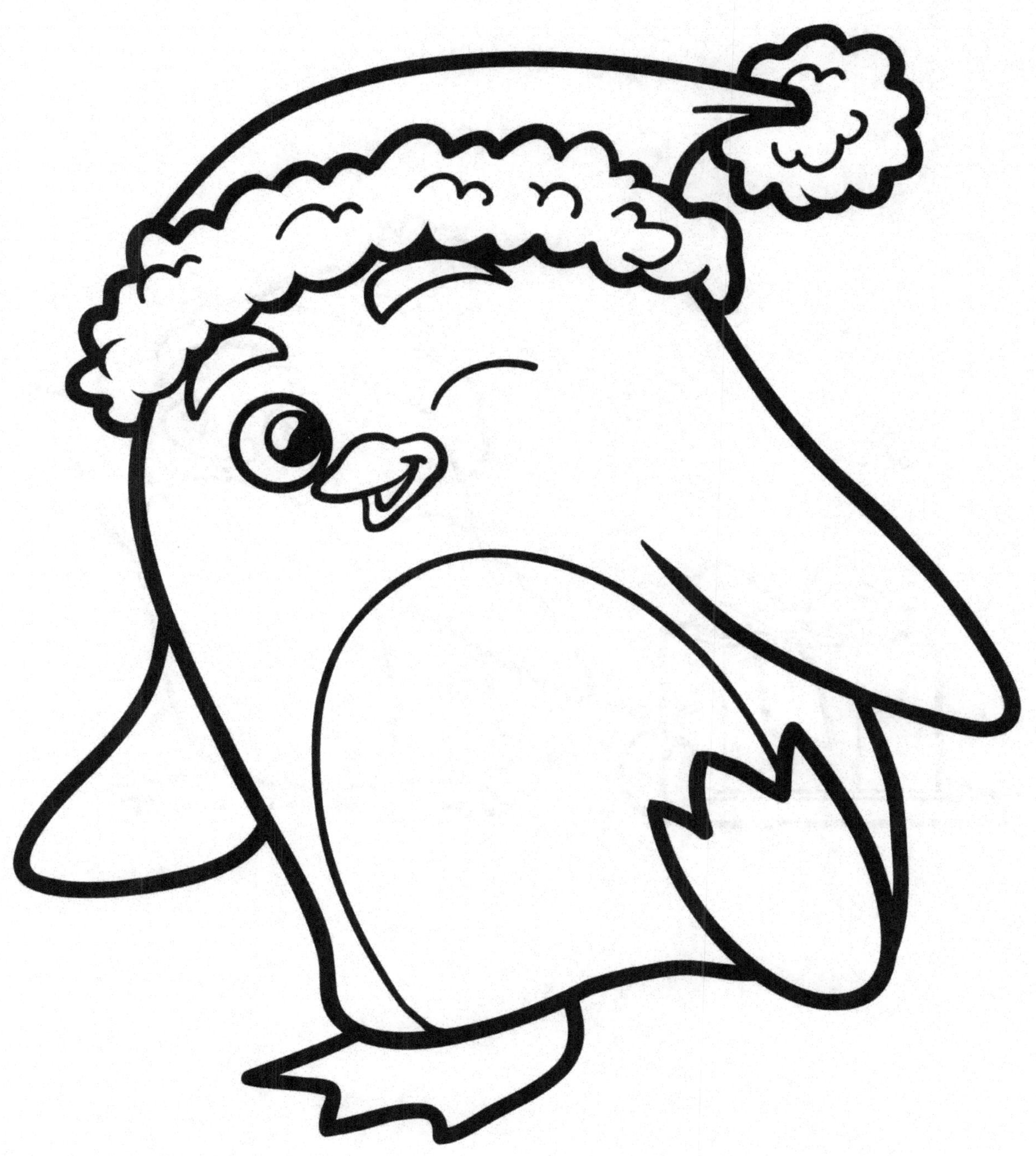

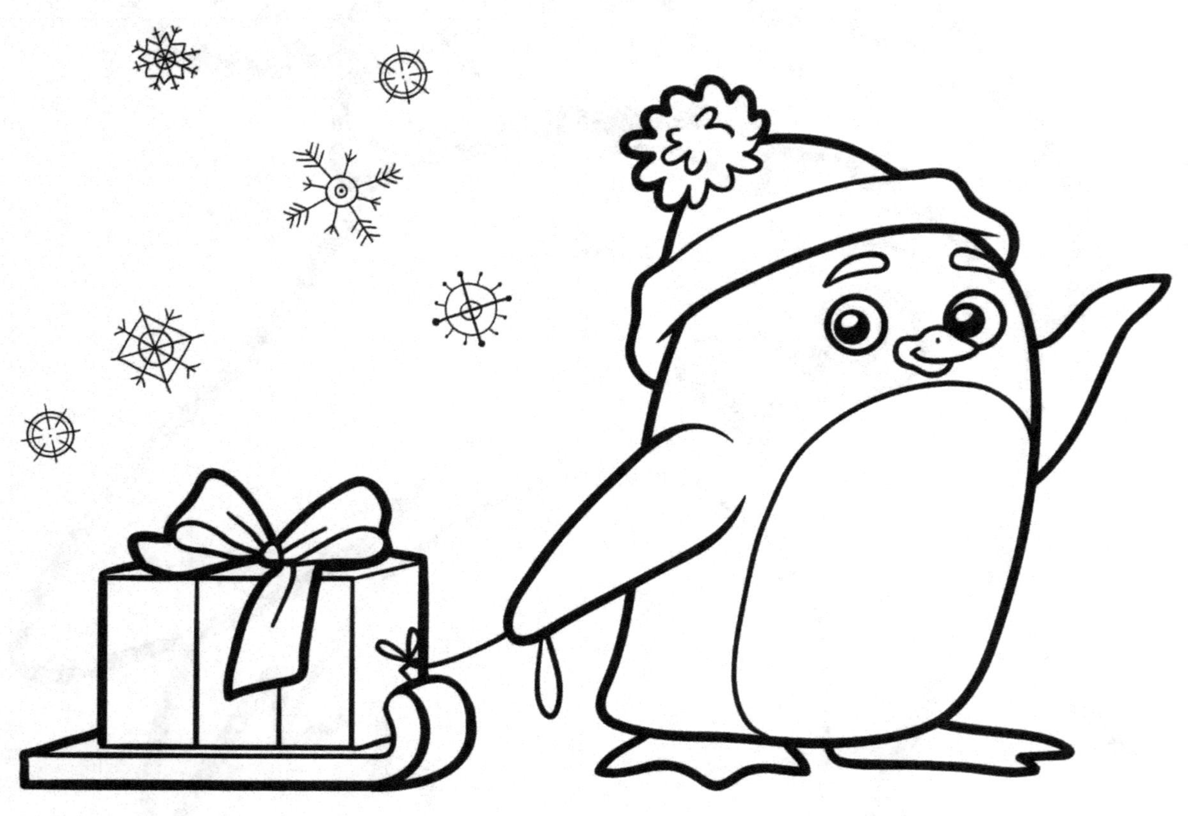

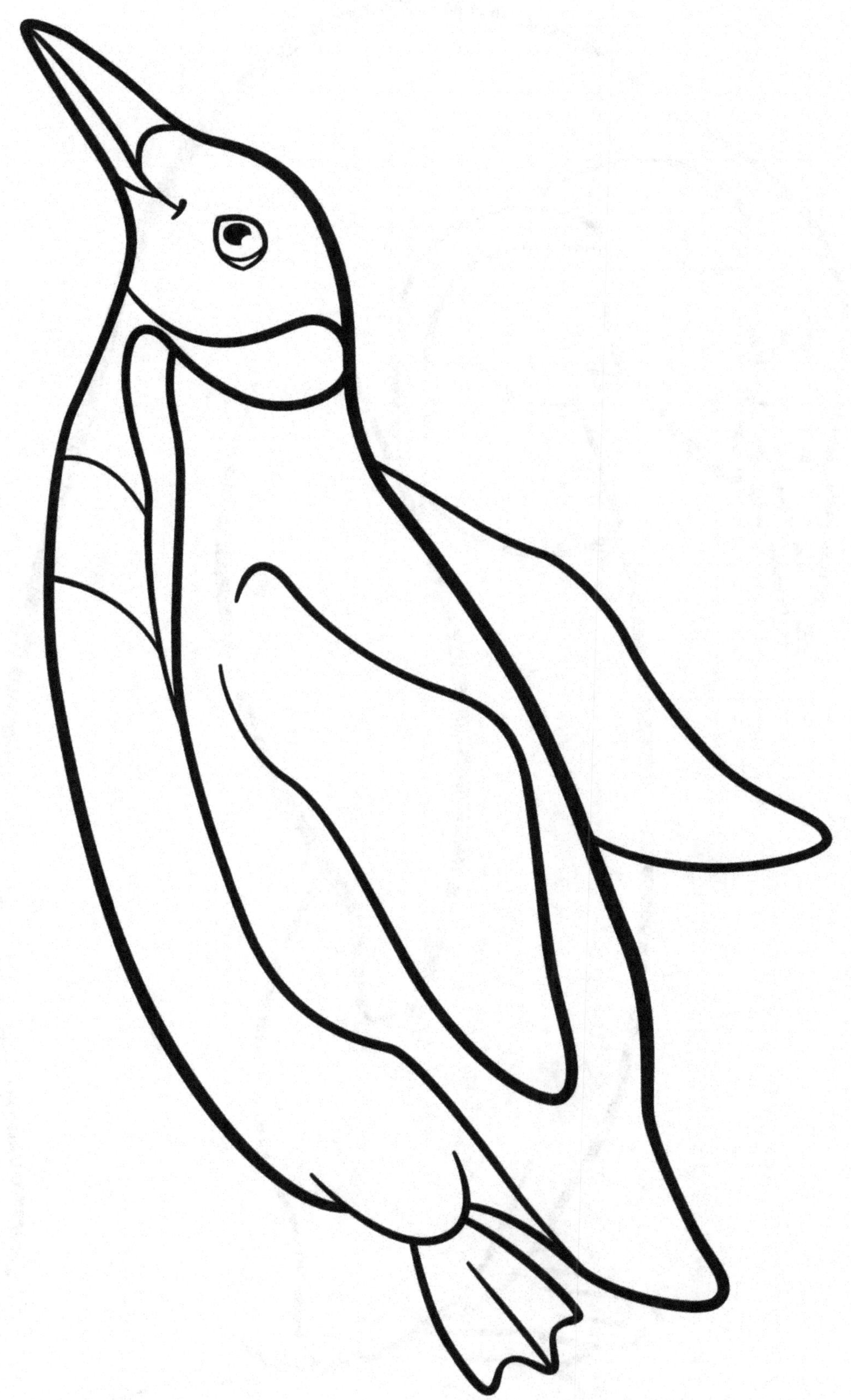

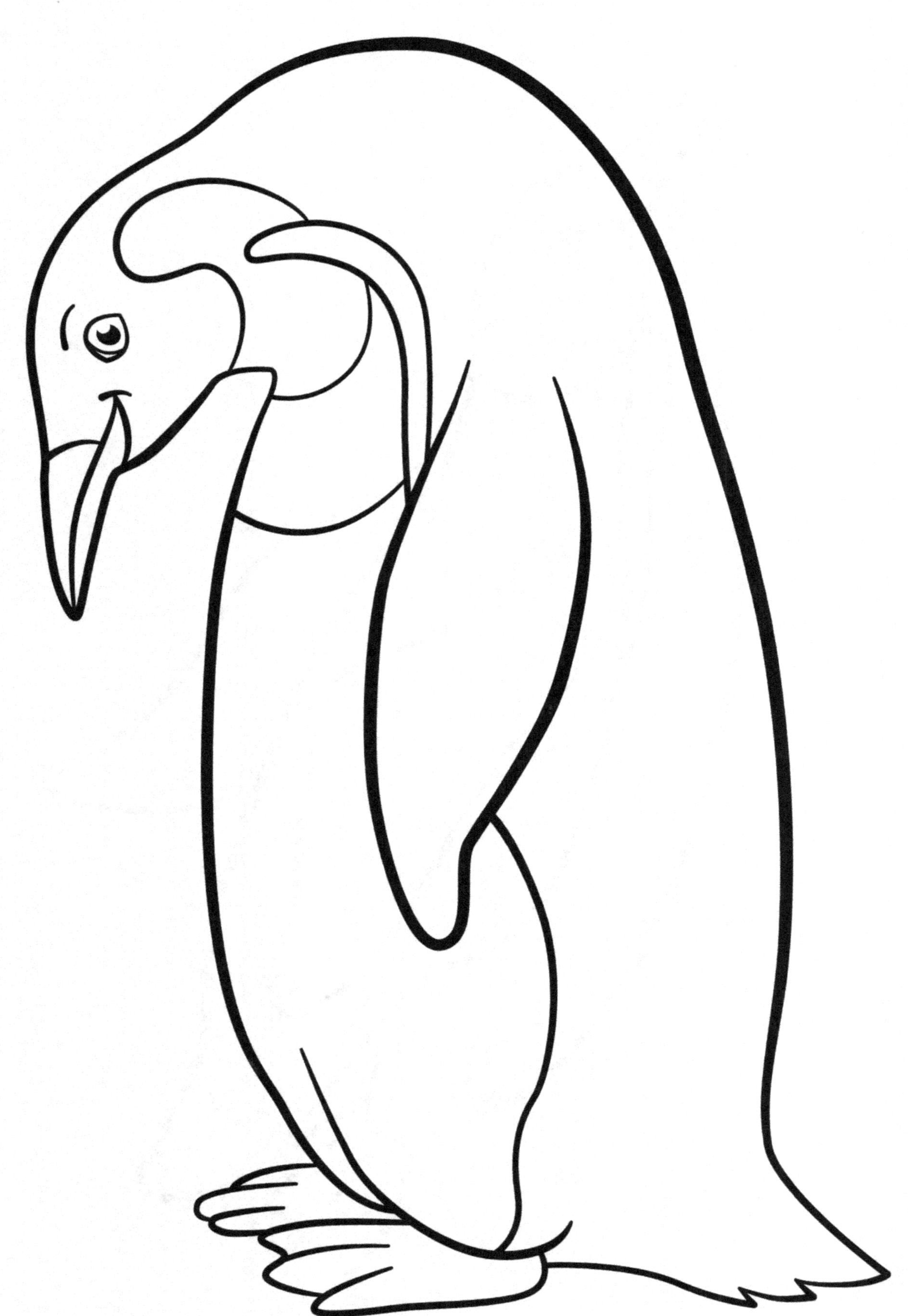

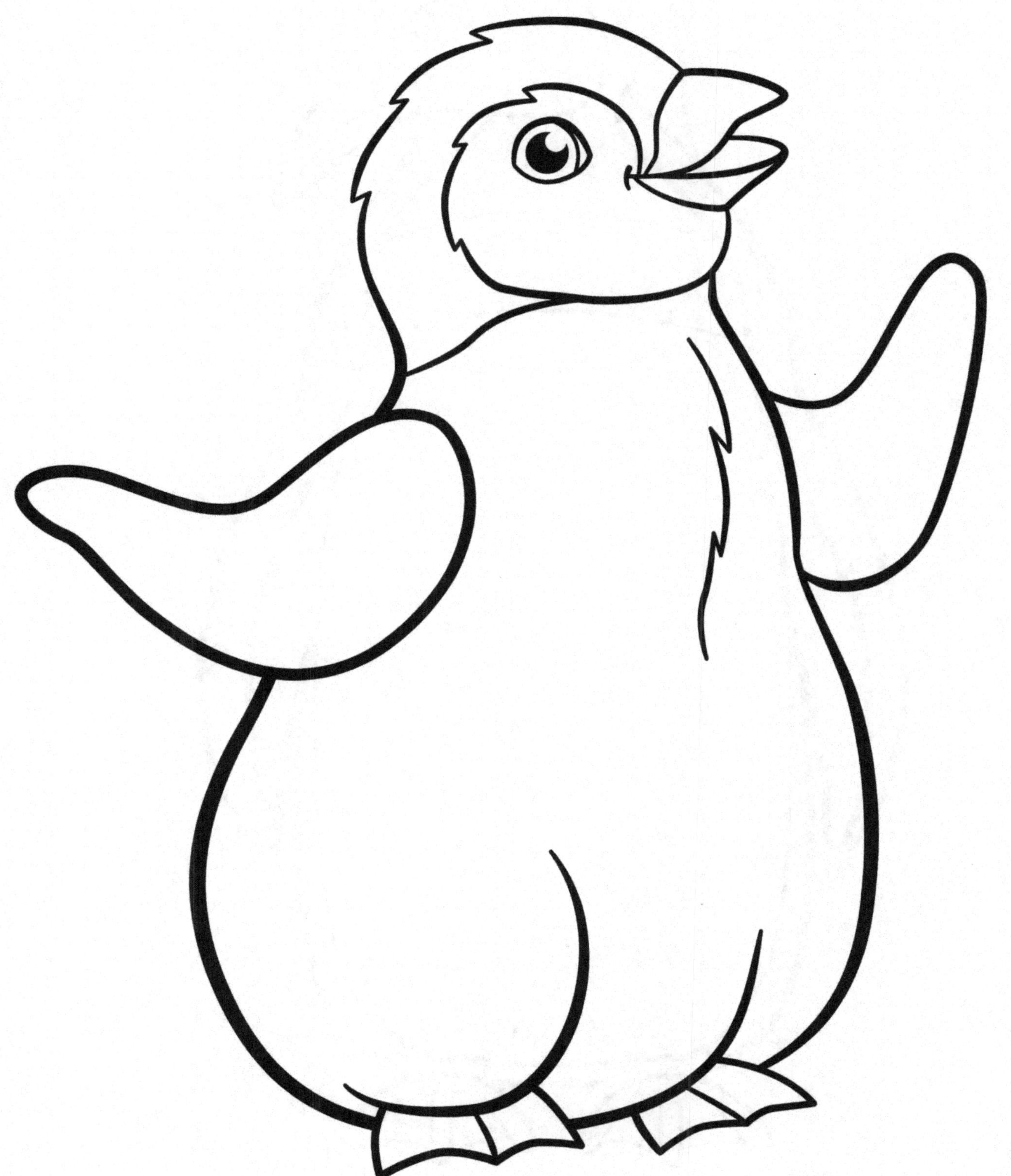

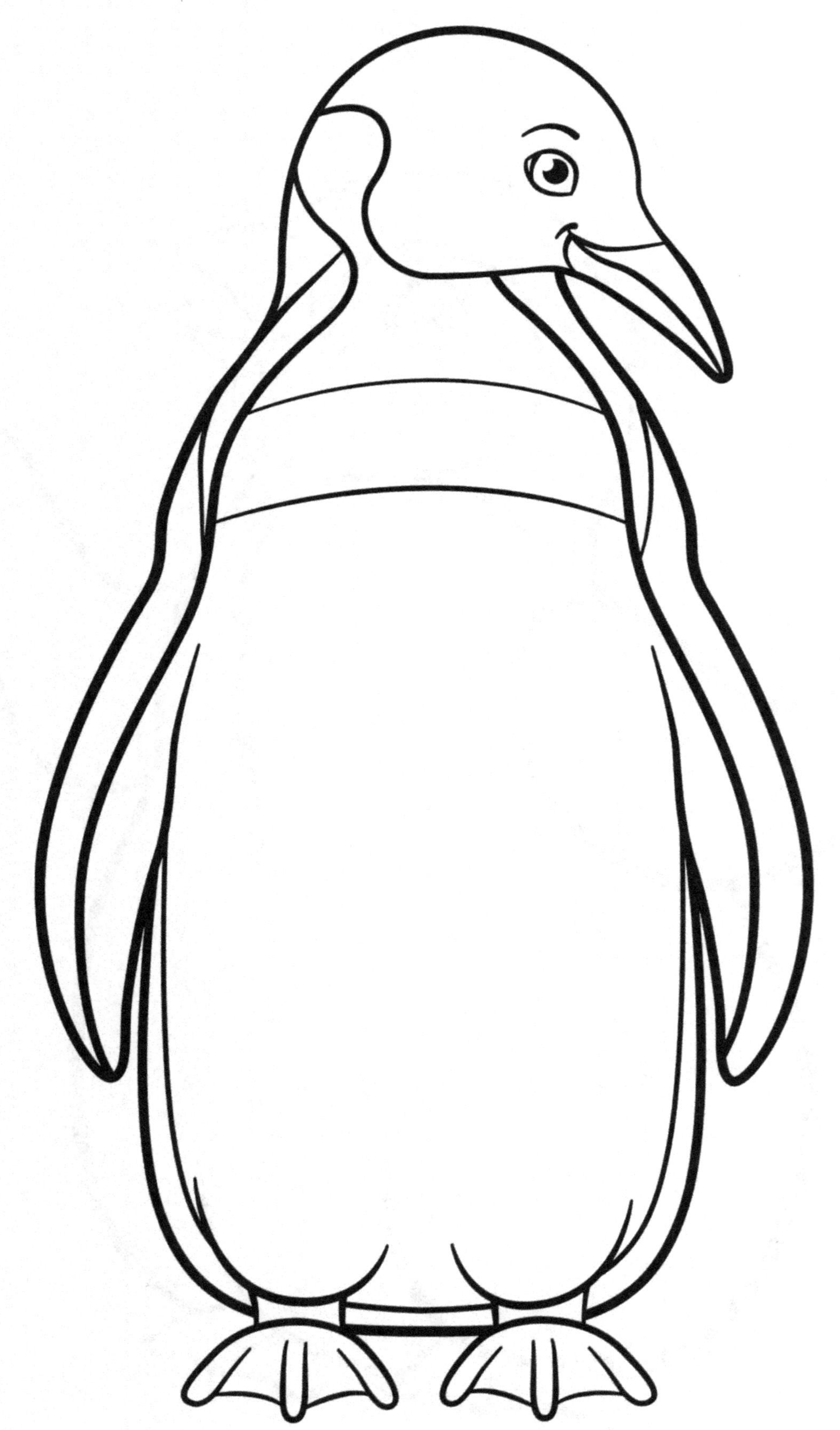